21 LEYES ABSOLUTAMENTE INQUEBRANTABLES DEL DINERO

21 REGLAS PARA AHORRAR MÁS Y HACER PRODUCIR MÁS TU DINERO EN TIEMPOS DE CRISIS

BRIAN TRACY

TALLER DEL ÉXITO

21 LEYES ABSOLUTAMENTE INQUEBRANTABLES DEL DINERO

© 2008 · Brian Tracy
© 2008 · Taller del Éxito Inc.

Editorial Taller del Éxito
1669 N.W. 144 Terrace, Suite 210
Sunrise, Florida 33323, U.S.A.
www.tallerdelexito.com

Editorial dedicada a la difusión de libros y audiolibros de desarrollo personal, crecimiento personal, liderazgo y motivación.

ISBN: 1-931059-34-9

Printed in Colombia
Impreso en Colombia

Primera edición, 2002
Primera reimpresion, Noviembre de 2008

ÍNDICE

INTRODUCCIÓN

*U*no de los principales objetivos que buscan los seres humanos es alcanzar la independencia financiera. Debemos encontrar el punto de equilibrio donde contemos con el dinero suficiente como para no tener que preocuparnos más por aspectos económicos. La buena noticia es que la independencia financiera es más fácil de lograr hoy de lo que ha sido en toda la historia de la humanidad.

A pesar de las dificultades económicas que puedan afectar a ciertas regiones del planeta y a las fluctuaciones de los mercados internacionales, lo cierto es que la globalización y las nuevas tecnologías han logrado que hoy por hoy, las oportunidades existentes para desarrollar riqueza y abundancia en nuestras vidas se puedan encontrar en cualquier lugar del mundo.

Independientemente de lo que el más pesimista de los analistas financieros pueda pensar, sin importar donde estemos viviendo, lo más probable es que en este momento nos encontramos rodeados de más riqueza y opulencia que la que jamás vimos antes. Su objetivo debe ser participar plenamente en lo que muchas personas están empezando a llamar la "Edad Dorada" de la humanidad.

El dinero posee una energía propia y, por lo general, es atraído por quienes lo tratan bien. Éste tiende a fluir hacia aquellos que pueden usarlo de la manera más productiva para generar bienes y servicios valiosos. De igual forma, suele circular hacia aquellas personas que pueden invertirlo para crear empleo y oportunidades que beneficien a otros seres humanos.

Al mismo tiempo, el dinero se aleja o tiende a eludir a quienes lo usan con una mentalidad de pobreza. O lo gastan en formas poco productivas. Así que su trabajo es adquirir tanto como sea posible, de forma honesta, y luego utilizarlo para mejorar su calidad de vida y la de sus seres queridos.

Para alcanzar este objetivo contamos con 21 leyes absolutamente inquebrantables del dinero, éstas le permitirán cosechar grandes riquezas y desarrollar la mentalidad de abundancia que atraerá el dinero hacia usted.

PRIMERA LEY

Ley de causa y efecto

*Todo pasa por una razón,
hay una causa para cada efecto.*

$É$sta es la "ley de hierro" del destino humano. Ella dice que vivimos en mundo gobernado por leyes naturales y no por la suerte o la coincidencia. Afirma que todo sucede por una razón, sepamos o no cual es.

Cada efecto, cada éxito o fracaso, tanto la riqueza como la pobreza, han sido generadas por una o varias causas específicas. Cada causa o acción tiene un efecto o consecuencia de algún tipo, la veamos o no, estemos o no de acuerdo con ella.

Esta ley afirma que todo logro, riqueza, felicidad, prosperidad o éxito son efectos o resultados directos o indirectos de causas o acciones. Esto significa que si puedo ser claro sobre el efecto o resultado que desee obtener, probablemente lo podré conseguir. Si algo ha sido posible para otros, lo más probable es que también lo sea para usted. Le sugiero que estudie a otras personas que hayan logrado los mismos objetivos que usted persigue;

determine qué es lo que ellos han hecho y decida qué es lo que usted debe hacer para alcanzar iguales resultados.

La ley de causa y efecto se aplica tanto al dinero como a cualquier otro tema. De acuerdo con esta ley el éxito financiero es un efecto, y como tal, es el resultado de ciertas causas específicas.

Cuando identifique estas causas y las implemente en su propia vida y en sus actividades, logrará los mismos efectos que miles de personas ya han logrado en la creación de sus propias fortunas. Es más, ésta es la fórmula que ellas han alcanzado para alcanzar la libertad financiera. Ellas decidieron observar cómo actúa la gente acaudalada para obtener, administra y organizar su tiempo, sus recursos y su dinero y se propusieron adquirir los mismos hábitos.

Esta es la formula como usted puede adquirir la cantidad de dinero que desee. Si examina y hace lo que otros han hecho antes para obtener los mismos resultados, usted también logrará obtenerlo. Es así de simple.

La expresión más importante de esta ley universal es que "Los pensamientos son causas y las condiciones son efectos".

Dicho de otra manera: "Los pensamientos son creativos y se constituyen en las principales fuerzas de invención de su vida. Usted construye su mundo entero de acuerdo con su manera de pensar. Toda la gente y situaciones que lo rodean han sido creadas por su propio pensamiento. Cuando usted cambia su forma de pensar, cambia su vida, ¡a veces en cuestión de segundos!

El principio más importante del éxito personal o de los negocios es simplemente este: usted se convierte en lo que piensa la mayoría del tiempo.

Lo importante no es lo que suceda en la vida sino cómo razone sobre lo que le acontece. Esto determina su forma de sentir y de actuar. No es el mundo de afuera el que dictamina sus circunstancias o condiciones. Es usted mismo quien decide cómo reaccionar ante él.

Es el mundo que hay dentro de usted el crea las condiciones de vida externa que experimentará. Lo que usted piensa sobre el dinero y sobre su situación financiera, es lo que define sus condiciones económicas actualmente.

Un diagnóstico exacto es la mitad de la cura. Así que si desea que esta ley trabaje para usted y no en su contra, tome el tiempo necesario para observar los aspectos más importantes de su visa: Su familia, su salud su trabajo, su situación financiera, y observe las relaciones causa-efecto entre lo que piensa, dice, siente y hace y los resultados que está obteniendo.

Sea honesto con usted mismo y haga los cambios de vida que considere necesarios.

PLAN DE ACCIÓN

1. Escriba tres efectos específicos que desea ver en cada una de las siguientes áreas de su vida:

Personal:

a. _____

b. _____

c. _____

Salud:

a. _____

b. _____

c. _____

Familiar:

a. _____

b. _____

c. _____

Profesión:

a. _____

b. _____

c. _____

Dinero:

a. _____

b. _____

c. _____

2. Frente a cada uno de los efectos identificados escriba las causas que sabe que producirán dichos resultados en su vida.

SEGUNDA LEY

La ley de las creencias

Todo aquello en lo que usted realmente cree con profundo sentimiento y emoción, suele convertirse en su realidad.

$\mathcal{E}$sta segunda ley dice, ante todo, que sus creencias, buenas o malas, ciertas o erradas, falsas o verdaderas acerca de usted mismo, con el tiempo se convertirán en su realidad. Por lo tanto, asegúrese que sus creencias internas sean ciertas y lo estén respaldando en su vida. Actúe siempre en forma consistente con estas convicciones, en especial con aquellas sobre usted mismo.

Estas últimas actúan como un juego de filtros que bloquean la información que no es consistente con ellas. No necesariamente usted cree lo que ve, pero sí ve lo que ya cree. Y, por lo general, rechaza aquella información que contradice lo que ya ha decidido creer, así sus convicciones o perjuicios estén basados en realidades o en fantasías. Y esto es especialmente cierto en lo que respecta al dinero.

La mejor creencia que usted puede desarrollar en su interior, es que usted está destinado a obtener un gran éxito en términos financieros. Cuando está absolutamente convencido de que es un éxito financiero en proceso, cuando no le quede ninguna duda que está en camino de lograr su libertad financiera, sólo entonces comenzará a desarrollar aquellos comportamientos que lo harán realidad.

Las peores creencias que puede tener son "Creencias auto limitantes." Éstas existen cuando usted cree que está limitado de alguna forma. Éste es un de los perores enemigos del éxito de cualquier persona.

Porque el hecho no es que otros sean mejores que usted, o que sean más inteligentes. La verdad es que si a alguien más le está yendo mejor que a usted, la principal razón es que esto sucede porque seguramente ellos han desarrollado más sus talentos y habilidades naturales.

Pero cualquier otra meta que ellos hayan alcanzado, dentro del límite de lo razonable, por supuesto, también puede ser lograda por usted. Sólo tiene que querer hacerlo y aprender cómo lograrlo. ¿Qué se atrevería a soñar, si supiera que no puede fallar? Si no tuviera limitaciones, si tuviera todo el tiempo, dinero, talento y aptitudes que pudiera desear, ¿qué le gustaría tener, hacer o ser en su vida?

Tome conciencia que lo que acaba de identificar puede convertirse en una realidad para su vida, es posible alcanzarlo y además, cuenta con las herramientas para lograrlo. Lo único que necesita hacer es creerlo, prepararse y actuar.

PLAN DE ACCIÓN

1. Escriba tres ideas o valores que usted crea con absoluta certeza acerca del dinero.

a. _____

b. _____

c. _____

2. Escriba tres creencias que a su modo de ver le pueden estar limitando y deteniendo para alcanzar la libertad financiera:

a. _____

b. _____

c. _____

3. Escriba tres ideas que, a su modo de ver, muestren que usted cree que está destinado a obtener un gran éxito en términos financieros.

a. _____

b. _____

c. _____

4. ¿Qué pasos dará para erradicar las creencias erradas de su subconsciente e interiorizar las convicciones verdaderas?

a. _____

b. _____

c. _____

TERCERA LEY

La ley de las expectativas

Lo que usted espera y confía que suceda,
se convierte en propia profecía,
llenando sus expectativas.

*U*sted siempre está actuando como una persona que lee la fortuna en su propia vida, por la forma cómo piensa y habla sobre cómo van a resultar las cosas. Sí espera y confía que le sucedan cosas buenas, éstas por lo general se harán realidad en su vida. Si usted espera que sólo le sucedan cosas negativas, de igual manera, no saldrá decepcionado.

Lo que usted consiga en la vida no necesariamente será lo que usted quiera conseguir. Sino lo que espera alcanzar. Las expectativas ejercen una poderosa e invisible influencia que hace que las personas se comporten y las situaciones se desarrollen tal como lo esperan.

La gente adinerada espera ser rica. La gente exitosa anhela ser exitosa. La gente alegre y popular espera ser alegre y popular. Su vida y sus circunstancias son el resultado de sus propias expectativas. Usted posee el control de la mayor parte de sus expectativas. Esto no significa que a estas personas no les sucedan cosas malas o inesperadas, o que no enfrenten situaciones negativas en su vida. Pero cuando esto ocurre, ellas entienden que son parte de la vida, que son las excepciones a la regla, y esto les ayuda a responder mejor a la realidad que se les presenta.

Las personas que tiene poco éxito se caracterizan por sus pobres expectativas hacia el futuro; son negativas, fatalistas y pesimistas. Y esto hace que de alguna manera las situaciones se resuelvan de la forma esperada; es decir teñidas de negativismo.

El doctor Robert Rosenthal, de la Universidad de Harvard, afirma que las expectativas de los profesores tienen un enorme impacto en el desempeño escolar de sus alumnos. Su estudio también comprobó que si los eran conscientes que se esperaba de ellos un buen rendimiento académico, su productividad era mucho mejor que en aquellos casos donde no existían dichas expectativas.

Indudablemente, las expectativas que otros puedan tener sobre nosotros, serán de gran incidencia en nuestras vidas. Sin embargo, las expectativas más importantes son las que usted puede tener de sí mismo. Ahora, lo más interesante, en lo que a expectativas se refiere, es que usted puede fabricarse las que usted piense que son las más atinadas para su vida. Puede crearse su propia manera de abordar el mundo y esperar lo mejor de sí en cada actividad en la cual esté involucrado.

Sus expectativas personales son en sí mismas lo suficientemente poderosas como para neutralizar cualquier otra expectativa negativa que alguien más pudiera tener de usted. De esta manera, puede literalmente crear a su alrededor un campo de energía mental positiva que lo protegerá del negativismo que exista a su alrededor.

El multimillonario Clement Stone era famoso por considerarse un "paranoico invertido". Él creía que todo el mundo estaba conspirado para que triunfara. El paranoico invertido ve en cada situación la voluntad celestial de conferirle algún tipo de beneficio o de enseñarle alguna lección valiosa para el logro de éxito.

Un asistente a uno de mis seminarios, que por aquella fecha se encontraba sin empleo, me contó que después de a ver escuchado esto, comenzó a hacerse todas las mañanas la siguiente reflexión: "creo que hoy me va a suceder algo maravilloso".

Repitió esto una y otra vez hasta que empezó a desarrollar una actitud que le hacía espera con gran ansiedad cualquier acontecimiento del día. Lo más asombroso del caso es que comenzaron a sucederle una serie de cosas maravillosas. A la semana de iniciar este ejercicio, después de estar seis meses sin empleo, recibió dos ofertas de trabajo. Sus problemas económicos y sus dificultades parecieron solucionarse de manera milagrosa. Era como si de repente toso lo que hiciera le saliera bien.

Así que espere lo mejor de usted. Imagínese que tiene habilidades ilimitadas y que puede lograr lo que desee. Piense que su futuro sólo está limitado por su imaginación, y que lo que haya logrado hasta ahora es sólo una fracción de lo que es verdaderamente capaz de lograr. Imagínese que sus momentos más grandes están por venir y que todo lo que le ha sucedido hasta ahora ha sido sólo una preparación para las grandes cosas que aún están por llegar.

PLAN DE ACCIÓN

1. Escribas tres de las metas más ambiciosas que usted espera lograr en su vida

a. *llega8 plATA*

b. *llegar plATÍNO*

c. *llega A ESMERALDA*

2. Para cada una de ellas dé una razón específica por la cual usted está absolutamente convencido que la logrará.

a. _____

b. _____

c. _____

3. ¿Qué sueños o metas se propondría alcanzar si supiera que es imposible fracasar en su propósito? ¿Tras qué metas saldría si tuviera la absoluta certeza que va a alcanzarlas?

a. _____

b. _____

c. _____

CUARTA LEY

La ley de atracción

❏ ❏ ❏

*Usted es un imán viviente que atrae gente,
situaciones y circunstancias que están
en armonía con sus pensamientos dominantes.*

*U*sted atrae a su vida la gente, todo aquello que esté en armonía con sus pensamientos dominantes. Esta ley puede ser una buena o una mala noticia, dependiendo de su actitud y pensamientos dominantes, ya que ellos son los que determinan qué traerá a su vida.

Ésta es una de las leyes que explica gran parte del éxito y el fracaso en la vida personal y en los negocios. Afirma que todo lo que tiene en su vida ha sido atraído por usted y por su manera de pensar. Sus amigos, su familia, sus relaciones, su trabajo, sus problemas y sus oportunidades han sido cautivados por su modo habitual de pensar en cada una de esas áreas.

En el campo de la música hay un ejemplo claro de esta ley, conocido como el principio de la resonancia simpática. Este principio dice que si se colocan dos pianos separados en una habitación grande y se golpea en uno de ellos la nota "Do", se puede ir rápidamente al otro piano y observar que en él también está vibrando la nota "Do", con igual intensidad que la cuerda hermana del primer piano.

De igual forma usted tiende a conocer y a relacionarse con personas y situaciones que vibran en armonía con los pensamientos y sentimientos que predominan en su mente. Si observa cada uno de los aspectos de su vida, tanto positivos como negativos, se dará cuenta que todo su mundo ha sido fabricado por usted y que cuanta más carga emocional ponga en pensamiento, mayor será la intensidad de la vibración y más rápidamente atraerá a las personas y las situaciones afines a dicho pensamiento.

Ahora bien, si hasta ahora siente que ha atraído a su vida sentimientos que no quisiera experimentar, lo único que debe hacer es examinar qué actitudes o pensamientos han atraído estas reacciones, para deshacerse de ellos, ya que usted puede cambiar su vida modificando su forma de pensar.

Cuando desarrolle un deseo ardiente por el éxito financiero y piensa en él todo el tiempo, genera un campo de fuerza de energía emocional que atrae gente, ideas y oportunidades a si vida que le ayudarán a convertir sus objetivos en realidad.

Esta ley está siempre actuando a su alrededor. ¿No le ha sucedido alguna vez que no tiene más que pensar en un amigo y ya el teléfono está sonando con él al otro lado de la línea? ¿O no le ha pasado que cuando finalmente toca la decisión de hacer algo, de inmediato comienzan a llegarle las ideas y las ayudas para hacerlo realidad? Lo que ha sucedido es que su mente ha atraído hacia usted dichas realidades, de la misma manera que un imán atrae limaduras de hierro hacia sí mismo.

Muchas personas jamás comienzan su camino porque no saben cómo van a llegar a donde desean. Sin embargo, la ley de la atracción nos dicen que no es necesario saber todas las respuestas antes de comenzar. Siempre que tenga claro lo que quiere y las personas con las cuales le conviene asociarse, terminará atrayéndolas hacia su vida.

¿Se ha dado cuenta que la gente alegre y feliz siempre parece atraer a otra gente alegre y feliz? La persona que posee conciencia de prosperidad siempre parece que encuentra ideas y oportunidades para hacer dinero. Los vendedores optimistas y entusiastas atraen a los mejores clientes y logran los mejores negocios.

Observe su vida financiera y vea cómo armoniza con sus pensamientos. Quédese con todo el crédito por lo bueno que hay en su vida puesto que es usted quien lo ha logrado y atraído. Observe aquello que no le gusta y también asuma toda la responsabilidad por ello, puesto que esto solo quiere decir que usted aun tiene ciertas fallas en su manera de pensar.

Determine dónde está la falta, y qué va a hacer al respecto.

PLAN DE ACCIÓN

1. Escriba tres situaciones o circunstancias nega-
   tivas que usted haya atraído hacia su vida en el
   área financiera.

a. _____

b. _____

c. _____

2. ¿Por qué cree usted que ha atraído dichas cir-
   cunstancias?

a. _____

b. _____

c. _____

3. Para cada una de las circunstancias escriba an-
   teriormente, escriba una estrategia específica
   de cómo logrará deshacerse de ella.

a. _____

b. _____

c. _____

4. Para cada una de estas estrategias defina una acción específica que realizará en las próximas 24 horas.

a. _____

b. _____

c. _____

QUINTA LEY

La ley de la correspondencia

*Su mundo exterior es el reflejo de
su mundo interior y corresponde
a sus patrones dominantes
de pensamiento.*

Éste es un principio extraordinario. La ley de la correspondencia es quizá la más importante de todas, ya que en muchos sentidos explica muchas de las otras leyes que describiremos a lo largo de este libro. Aclara en gran medida la felicidad o la desdicha, el éxito o el fracaso, la abundancia o la pobreza que muchas personas experimentan en su vida. Después de años de estudio en esta área, me sigo impresionando con esta ley tan poderosa.

¡Sólo piense! Su mundo exterior refleja su mundo interior en todas las formas. Nada le puede pasar en el largo plazo, a menos que corresponda con algo que hay dentro de usted. Por lo tanto, si quiere cambiar o mejorar algo de su vida, debe empezar cambiando los aspectos internos de su mente.

Algunas veces esto se conoce como el "equivalente mental". Su gran responsabilidad en la vida es crear en su interior el equivalente mental de lo que quiere experimentar en su mundo exterior. Lo cierto es que no puede lograr algo fuera de usted, hasta que no lo haya logrado en su interior. Esta ley también afirma que puede saber lo que está pasando dentro de usted con sólo fijarse en lo que está sucediendo a su alrededor.

Es como si su vida fuese un espejo de 360 grados. Hacia donde mire, ahí está usted. Sus relaciones, por ejemplo, siempre reflejan el tipo de persona que es por dentro. Su actitud, su salud y sus condiciones financieras son un reflejo de su forma de ser, de la manera cómo piensa y cómo se ve a usted mismo la mayoría del tiempo.

En la Biblia este principio se explica a través de la expresión "por sus frutos lo conoceréis". Lo cierto es que toda la dinámica de la vida es un fluir de dentro hacia fuera.

La ley de correspondencia es el principio fundamental de la mayoría de las religiones, corrientes y escuelas de pensamiento. Es la clave hacia la libertad, la felicidad de personal, el éxito y la satisfacción.

Su mundo externo de relaciones estará determinado por la persona que lleve dentro; o sea, por su verdadera personalidad interna. Su salud será el resultado de sus actitudes mentales internas. Su mundo exterior de logros económicos e ingresos, corresponde a su mundo interno de pensamiento y preparación. La forma en que las personas respondan y reaccionen frente a usted será un reflejo de su actitud y comportamiento hacia ellas.

✗ Su forma de conducir y cuidar su automóvil corresponderá en todo momento con su estado mental y emocional. Cuando se sienta positivo, confiado y crea que controla su vida, seguramente su hogar y su lugar de trabajo estarán bien organizados y su automóvil estará recibiendo el cuidado adecuado. De otro lado, si el trabajo le agobia, si se siente frustrado o no es feliz, entonces su casa, su lugar de trabajo e incluso su automóvil reflejarán el estado de desorden y confusión que le invade. ✗

El craso error que cometí cuando era más joven fue que me dediqué más bien a *hacer* que a *ser*. Creí que podía conseguir las cosas que quería practicando ciertos métodos y técnicas. Al final me di cuenta que una práctica adecuada era necesaria, pero no suficiente.

El filósofo alemán Goethe dijo que "uno debe ser algo para poder hacer algo". Si queremos conseguir resultados diferentes a los que recibimos, debemos convertirnos internamente en personas distintas. Este cambio de personalidad no se puede fingir por mucho tiempo. Debe ser un cambio sincero y profundo en su manera de ser y pensar.

La mayoría de las personas tratan de mejorar o cambiar algunos aspectos de su vida intentando que sean los demás los que cambien. No les gustan lo que ven reflejado en su vida y se ocupan de darle brillo al espejo en vez de ir a lo que realmente es la causa del reflejo.

En uno de sus escritos William James, el padre de la psicología americana, decía: "la más grande revolución de mi existencia es el descubrimiento de que los seres humanos pueden cambiar los aspectos externos de sus vidas cambiando las actitudes internas de sus mentes".

Sólo hay una cosa en el mundo que usted puede controlar, y es su manera de pensar. Sin embargo, cuando asume el control completo sobre su pensamiento, toma control sobre todo los otros aspectos de su vida.

Si piensa y habla únicamente sobre lo que quiere, y se niega a pensar o hablar sobre lo que no quiere, se convierte en el arquitecto de su propio destino. Usted crea su mundo. Así que debe actuar para crear en su mente la realidad que desea experimentar en su mundo exterior.

PLAN DE ACCION

1. ¿Cuánto tiempo diario le dedica usted a pensar sobre sus metas y objetivos para la vida?

a. _____

b. _____

c. _____

2. Escriba tres ideas sobre lo que usted cree con absoluta certeza acerca de las personas que tienen mucho dinero.

a. _____

b. _____

c. _____

3. ¿Son estas creencias verdaderas o son justificaciones o excusas?

a. _____

b. _____

c. _____

SEXTA LEY

La ley de la abundancia

*Vivimos en un universo abundante,
en un mundo donde hay suficiente dinero
para todos los que quieran y estén dispuestos
a obedecer las leyes que gobiernan
su adquisición.*

*H*ay una gran cantidad de dinero disponible. En realidad, el concepto de escasez no existe, ya que usted puede tener prácticamente todo lo que quiera y necesite. Vivimos en un universo generoso y estamos rodeados por todos lados por bendiciones y oportunidades para obtener lo que realmente deseamos. Lo importante es entender que su actitud, ya sea de abundancia o de escasez hacia el dinero, tendrá un impacto fundamental en el hecho de volverse rico o no.

La primera conclusión de la ley de abundancia dice que "La gente se volverá adinerada porque decide volverse a dinerada".

Los individuos se vuelven adinerados porque creen que tienen la habilidad para hacerlo; porque están convencidos que lo van a lograr y actúan de acuerdo con esta creencia y, en consecuencia, hacen cosas que permitan que sus creencias se vuelvan realidad.

La segunda conclusión de esta ley es que "Las personas son pobres porque no han decidido volverse ricas". El libro El millonario instantáneo, de Mark Fisher, el millonario viejo le dice al niño que le ha preguntado acerca de cómo volverse millonario "¿Por qué no eres rico todavía?"

Ésta es una pregunta importante que usted debe hacerse. La forma como la responda revelará mucho sobre usted. Sus respuestas mostrarán sus creencias auto-limitantes, sus dudas, sus miedos, sus excusas, sus racionalizaciones y sus justificaciones.

Pregúntese, ¿por qué no es rico todavía? Y escriba todas las razones que tenga en la mente. Repase sus respuestas, una por una, con alguien que lo conozca bien y pídale su opinión. Se puede sorprender al darse que la mayoría de sus razones son excusas de las cuales se ha enamorado; justificaciones que se han convertido en creencias porque han vivido y pesado en sus mente durante largo tiempo.

No importa cuáles sean sus razones o excusas, puede librarse de ellas. El mundo cuenta con miles de personas que han tenido más dificultades por superar de lo que pueda imaginarse, y aún así, han llegado a ser exitoso. Usted también puede lograrlo.

PLAN DE ACCIÓN

1. De la manera más objetiva posible, responda la siguiente pregunta: ¿Por qué no es adinerado todavía?

a. _____

b. _____

c. _____

d. _____

e. _____

2. Para cada una de estas respuesta escriba una estrategia específica sobre cómo puede usted cambiar dicha situación.

a. _____

b. _____

c. _____

d. _____

e. _____

3. ¿Qué hábitos de pobreza aún lo detienen de alcanzar la libertad financiera?

a. _____

b. _____

c. _____

4. ¿Qué piensa hacer al respecto?

a. _____

b. _____

c. _____

SÉPTIMA LEY

La ley de desarrollo personal

*La fortuna que usted consiga durante su vida,
irá en proporción directa con su grado
de desarrollo personal y profesional.*

$\mathcal{M}$uchas personas desean que sus ingresos aumenten sin tener que crecer o desarrollarse personal o profesionalmente. Si invierte su tiempo en desarrollar aún más sus talentos, incrementará su valor en el mercado y, así mismo, incrementará su capacidad de generar mayores ingresos.

Lo más probable es que en este momento usted esté devengando el máximo de salario con los conocimientos que posee actualmente. Si desea ganar más, tendrá que aprender más. Esto significa que deberá invertir más en su propio desarrollo personal y profesional.

Una de las decisiones más inteligentes que puede hacer es invertir el tres por ciento de su salario cada mes es usted mismo, en su desarrollo personal y profesional, en ser cada vez mejor en las actividades más importantes que hace.

Invierta en buenos libros, revistas, programas en audiocasete y seminarios de capacitación. La persona que no está dispuesta a invertir en sí misma está negociando el precio del éxito; y el precio del éxito no es negociable.

No hay ninguna inversión que le proporcione una mayor retribución de su dinero, que volver a invertir una parte de su tiempo y sus ingresos, en su capacidad para generar aún más dinero. Las personas que han acumulado grandes fortunas han aprendido esto tarde o temprano, y toda la gente pobre e infeliz siguen tratando de descifrar dónde ésta el secreto.

Lea por lo menos treinta minutos diarios en su campo de interés profesional. Dedicarle este tiempo a la lectura significa leer un libro entero en un mes, lo que equivale leer 12 libros al año.

En un mundo donde la persona promedio lee menos de un libro al año, si usted lee doce que le ayuden a mejorar ¿cree que esto beneficiaría su situación salarial? ¿Considera que esto le daría alguna ventaja competitiva en su profesión? Claro que sí. Recuerde que usted es hoy el resultado de todo aquello con lo que ha alimentado su mente.

¿Sabía que le solo hecho de leer una hora por día le puede convertir en un experto en su campo al cabo de tan solo tres años? Esta sola actividad puede significar enormes dividendos en su vida financiera.

Escuche audio libros mientras realiza otras actividades. La persona promedio emplea más de 500 horas por año en el automóvil. El escuchar programas de desarrollo personal y profesional en el automóvil ha sido considerado como el mejor descubrimiento en el campo de la educación, desde la imprenta. Ésta es indudablemente una de las maneras más productivas de utilizar un tiempo que de otra manera podría ser tiempo perdido.

Asista a seminarios y conferencias que contribuyan a su desarrollo personal y profesional. Recuerde que todo lo que deposite en su mente moldea a la persona en la cual usted se convierte. Así que asegúrese de poseer un programa personal de aprendizaje continuo.

PLAN DE ACCIÓN

1. ¿Cuánto tiempo diario le dedica usted a su propio desarrollo personal?

_____

_____

_____

2. ¿Cree usted que esto es suficiente?

_____

_____

_____

3. Escriba tres actividades específicas que se comprometerá a hacer de ahora en adelante para complementar su desarrollo personal y profesional.

a. _____

b. _____

c. _____

4. ¿Cuáles fueron los tres últimos libros que leyó acerca de cómo lograr la libertad financiera?

a. _____

b. _____

c. _____

OCTAVA LEY

La ley del intercambio

❏ ❏ ❏

*El dinero es el medio de intercambio de trabajo
en la producción de bienes y servicios
que ofrecen unas personas, por los bienes
y servicios que otras pueden ofrecerle.*

$\mathcal{A}$ntes que existiera el dinero, existió el trueque. Éste les permitía a las personas intercambiar bienes y servicios directamente, por otros bienes y servicios sin necesidad del dinero.

A medida que la civilización creció, comenzaron a encontrarse ciertas complicaciones con este sistema del trueque, y las personas descubrieron que podían intercambiar sus bienes y servicios por un medio neutro como la moneda, que podían después intercambiar por los bienes y servicios de otros, haciendo más efectivo todo el proceso. Hoy trabajamos e intercambiamos nuestro trabajo por dinero, el cual usamos después en comprar los resultados del trabajo de otras personas.

La primera conclusión de esta ley es que "El dinero es una medida del valor que la gente le coloca a los bienes y servicios".

Lo único que determina el valor de lago es el precio que una persona pagará por ello. Los bienes y servicios no tienen un valor separado de lo que alguien esté dispuesto a pagar por ellos. Todos los valores son subjetivos y se basan en los pensamientos, sentimientos, actitudes y opiniones, desde la perspectiva del comprador en el momento de tomar la decisión de adquirir algo.

La segunda conclusión de esta ley dice que "Su trabajo es visto por otros como un factor de producción o un costo".

Todos tendemos a ver el "sudor de nuestra frente" o nuestro trabajo como algo muy especial, lo cual lo hace tan intensamente personal. Viene de nosotros, y es una expresión de lo que somos como personas.

Por esta razón nos es difícil aceptar que en lo que concierne a los demás, muestro trabajo es sólo un costo y como consumidores inteligentes y patrones, todos queremos el máximo resultado por el mínimo de inversión, sin importar el trabajo en que estemos involucrados.

Así, no puede ponerle un precio objetivo al valor de su trabajo. Es sólo lo que están dispuestas a pagar las demás personas por él, en un mercado competitivo, lo que determina lo que se debe ganar y lo que vale en términos financieros. Es el mercado el que define el valor de su trabajo. Si hay gran demanda, el mercado puede colocarle un mayor valor y retribuirlo con un mayor pago.

Sin embargo, si hay poca demanda, el mercado reducirá su valor, lo cual nos lleva a la tercera conclusión de esta ley que dice: "La cantidad de dinero que usted gana es la medida del valor que otros han colocado a su contribución al mercado".

La manera cómo funciona el mercado de empleos es simple. Siempre le pagarán en proporción directa con tres factores: El trabajo que hace, lo bien que lo hace, y qué tan difícil es remplazarlo.

La cantidad que le paguen estará en proporción directa con la cantidad y calidad de su contribución, en comparación con las contribuciones de otros, combinado con el valor que la otra gente le pone a su contribución personal.

La tercera conclusión de la ley de intercambio dice: "El dinero es un efecto, no una causa".

Su trabajo o contribución al valor de un producto o un servicio, es la causa, y el sueldo, salario o ganancias que reciba por el papel que usted haya jugado en dicho proceso, es el efecto. Si desea incrementar el efecto, debe incrementar la causa.

Muchas personas infructuosamente buscan cómo ganar más dinero, olvidando examinar por qué ganan el dinero que ganan y qué deberían estar haciendo para generar el que quisieran ganar.

La cuarta conclusión de la ley de intercambio dice que "Para incrementar la cantidad de dinero que está devengando, debe aumentar el valor del trabajo que está haciendo".

Para ganar más dinero, debe añadir más valor al mercado. Debe aumentar su conocimiento, incrementar su talento, mejorar sus hábitos de trabajo, trabajar jornadas más largas y más duras, ser más creativo, o hacer algo que le permita obtener mayores beneficios y resultados de su esfuerzo.

En ocasiones debe hacer todo lo anterior simultáneamente. Las personas con los sueldos más altos en nuestra sociedad, son aquellas que están mejorando continuamente en una o más de estas áreas para añadirle más valor al trabajo que están realizando.

Si desea incrementar sus ingresos, evalúe cuidadosamente el valor que su trabajo agrega al mercado y determine si ésta es la mejor manera en que usted utiliza sus recursos, sus aptitudes sus habilidades personales y profesionales.

PLAN DE ACCIÓN

1. Escriba tres opciones específicas en que podría agregar más valor al trabajo que realiza ahora para generar ingresos.

a. _____

b. _____

c. _____

2. Describa la actividad que usted considera que puede representar un mayor aumento en sus ingresos, si se realizara.

_____

_____

_____

3. ¿Qué lo ha detenido para realizar esta actividad y qué piensa hacer al respecto?

_____

_____

_____

NOVENA LEY

La ley del capital

❏ ❏ ❏

*Su activo más preciado, en términos
de movimiento de dinero, es su capital físico
y mental, y su capacidad de ganar dinero.*

$\mathcal{E}$s posible que aunque ya cuente con mucho dinero, aún no se haya dado cuenta que su habilidad para trabajar es le activa más preciado que posee. Al utilizar al máximo su inteligencia para ganar dinero, puede lograr que le ingrese mucho más cada año. Al aplicar su talento para ganar dinero, a la producción de bienes y servicios, puede lograr una gran demanda y generar suficiente dinero para pagar todo aquello que quiere obtener en la vida.

Es importante que entienda que, la cantidad de dinero que está devengando hoy, es una medida directa del nivel al que ha llegado su capacidad para lograrlo, hasta este momento.

La primera conclusión de la ley del capital es que "Su recurso más preciado es su tiempo".

Su tiempo es en realidad lo único que puede vender. Según el tiempo que le dedique a su trabajo y cuánto entregue de usted mismo y de su potencial en dicho tiempo, podrá determinar su capacidad de ganar dinero. Una mala administración del tiempo es una de las principales razones para que se dé una productividad pobre. Es más, en cualquier industria uno de los principales problemas que enfrentan los profesionales de hoy es el manejo poco efectivo de su tiempo.

Cuando desperdiciamos nuestro tiempo, en realidad, estamos desperdiciando de vida misma. El tiempo es nuestro más preciado tesoro, pues hoy, tenemos más tiempo del que tendremos mañana. Cada día al despertarnos recibimos un cheque por 24 horas para hacer con él lo que queramos. Al final de este día, habremos cambiado esas 24 horas por aquello que hayamos obtenido a cambio.

Preguntémonos a diario: ¿Valió esto que obtuve hoy las 24 horas de mi vida que acabé de pagar por ello? Si la respuesta es no, examine con claridad en que está invirtiendo su tiempo. Esta es la única manera de determinar qué tan efectivo está siendo son él.

La segunda conclusión de la ley del capital dice que "El tiempo y el dinero pueden ser gastados o invertidos".

A un cierto nivel, su tiempo y su dinero son intercambiables. Si los gasta, se van para toda la vida, y no los podrá recuperar. Se vuelven costos.

Sin embargo, usted también lo puede invertir, y en este caso recibirá algo a cambio que puede durar mucho. Si invierte su tiempo o su dinero en convertirse cada vez más en una persona con más sabiduría y en desarrollar aun más sus talentos, puede incrementar su valor. Al aumentar su habilidad para obtener resultados para usted y los demás, incrementará su capacidad para ganar dinero, generar un mejor movimiento personal de ingresos y a veces hasta darle un vuelco total a su carrera y su vida.

Invierta el tres por ciento de su sueldo cada mes en usted mismo, en su desarrollo personal y profesional, en ser cada vez mejor en las actividades más importantes que hace. Recuerde que como mencionara anteriormente, la mejor inversión de su tiempo y dinero es volver a invertir una parte de ellos en su capacidad para generar más ingresos.

La tercera conclusión de la ley del capital dice que "Una de las mejores inversiones de su tiempo y su dinero es incrementar su capacidad para generar dinero"

El propósito de la planeación estratégica a nivel corporativo es aumentar el "retorno por la inversión", es decir aumentar las ganancias percibidas por la inversión de nuestro capital como accionistas o inversionistas en dicha corporación. Esto requiere organizar y reorganizar actividades corporativas para que la compañía gane más del capital invertido en la organización. En la vida laboral, el patrimonio personal es su capital mental y emocional. Su trabajo, entonces, es generar el mayor número de ingresos posible por la inversión de su capital humano.

Identifique las actividades que realiza en su trabajo, que representen el valor más alto del uso de su tiempo. Enfóquese cada vez más, ejecutando aquellas acciones que representan las contribuciones más altas que pueda hacer, para obtener los resultados más elevados. Busque continuamente formas para aumentar su ganancia de energía. Recuerde que sólo cuenta con 24 horas y puede tomar la decisión de invertirlas de manera sabia, con pobreza o simplemente malgastarlas, y lo que obtenga al final del día será el resultado de esta decisión.

PLAN DE ACCIÓN

1. Identifique las cinco actividades que más tiempo le consumen cada día.

a. _____

b. _____

c. _____

d. _____

e. _____

2. Para cada una de estas actividades escriba una estrategia específica sobre cómo planea asegurarse que las realiza de la manera más efectiva.

a. _____

b. _____

c. _____

d. _____

e. _____

3. ¿Qué podría hacer usted ya mismo para lograr administrar mejor su tiempo?

_____

_____

_____

DÉCIMA LEY

La ley de la perspectiva del tiempo

❏ ❏ ❏

Las personas más exitosas en cualquier sociedad
son aquellas que toman decisiones con mucho
tiempo de anticipación.

Mientras más alto se encuentre una persona en la pirámide socio-económica, más amplia será su perspectiva u horizonte del tiempo. En otras palabras, podrá ver más adelante en su futuro, Las personas que están en los niveles sociales y económicos más altos toman decisiones y realizan sacrificios cuyos resultados no se pueden ver por muchos años, o tal vez ni siquiera en su vida sino en la de sus herederos.

Quienes tienen perspectivas a largo plazo en el tiempo, están dispuestos a pagar el precio del éxito por un largo tiempo antes de alcanzarlo. Ellos toman el tiempo suficiente para pensar y medir el alcance y las consecuencias de sus elecciones y decisiones financieras en términos de lo que pueden significar en cinco, diez, quince e incluso veinte años.

La gente que está en los niveles socio-económicos más bajos tiene una perspectiva del tiempo a más corto plazo. Se enfocan principalmente en la gratificación inmediata que puedan tener sus decisiones y casi siempre caen presas de comportamiento financieros que están prácticamente garantizados para llevarlos a crear deudas, a mantenerlos en la pobreza y a exponerlos a problemas financieros en un largo plazo.

Usted empieza a escalar social y financieramente desde el día que decide pensar en lo que está haciendo, en términos de las posibles consecuencias de sus acciones a largo plazo. Cuando empieza a proyectarse a largo plazo, a organizar su vida financiera y las prioridades, con sus ambiciones y objetivos futuros en mente, la calidad de sus decisiones mejora y su vida empieza a prosperar casi inmediatamente.

La primera conclusión de la ley de la perspectiva de tiempo dice que "La gratificación a largo plazo es la clave para lograr el éxito financiero".

Su habilidad para practicar autocontrol y para sacrificar decisiones a corto plazo, de manera que pueda obtener beneficios más grandes a largo plazo, es el punto de partida para desarrollar una perspectiva a largo plazo. Esta actitud es esencial para obtener logros financieros de cualquier tipo".

La auto disciplina fue definida por Elbert Hubbard hace mucho tiempo como "La habilidad de obligarse a usted mismo a hacer lo que tenga que hacer, cuando lo deba hacer, así quiera o no".

La habilidad para disciplinarse a pagar el precio del éxito antes de tiempo, y continuar pagándolo hasta lograr el objetivo que se ha propuesto, es la marca verdadera del ganador.

La tercera conclusión de esta ley es que "El sacrificio a corto plazo es el precio es el precio que debe pagar su seguridad en el largo plazo".

La palabra clave acá es "sacrificio". Cuando resiste la tentación de realizar actividades divertidas o fáciles o que prometen gratificaciones inmediatas y en vez de esto se disciplina para alcanzar aquellas que son difíciles y necesarias, puede desarrollar en usted mismo el tipo de carácter que prácticamente le garantiza una vida mejor en el futuro.

Cuando invierte continuamente su tiempo y dinero en mejorarse así mismo antes de pensar en usarlo para diversiones pasajeras, socializar o ver televisión, está prácticamente garantizando su futuro.

PLAN DE ACCIÓN

1. ¿Cuáles son cinco de sus metas más importantes para los próximos veinte años?

a. _____

b. _____

c. _____

d. _____

e. _____

2. ¿Había pensado en esto antes? ¿Si o No? ¿Por qué?

_____

_____

_____

3. ¿Planifica sus actividades y metas con suficiente anticipación?

_____

_____

_____

DÉCIMOPRIMERA LEY

La ley del ahorro

La libertad financiera llega a la persona
que ahorra el diez por ciento a más de
su sueldo a lo largo de su vida.

$\mathcal{U}$na de las decisiones más inteligentes que usted puede tomar para atraer dinero hacia usted es desarrollar el hábito de ahorrar parte de su sueldo. De cada cheque que devengue ahorre por lo menos un 10%. Individuos, familias e incluso sociedades son estables y prósperas dependiendo del grado de las tasas de ahorro. Hoy en día, el ahorro es una pieza clave para garantizar nuestra seguridad financiera y las posibilidades que pueda ofrecernos el mañana.

La primera conclusión de la ley del ahorro viene del libro El hombre más rico de Babilonia, de George Classon, y dice que "usted siempre debe pagarse a usted mismo primer"

Empiece hoy mismo a guardar el diez por ciento de su sueldo, y no lo toque. Éste es su ahorro para acumulación financiera a largo plazo y nunca lo use para otra razón que no sea asegurar su futuro financiero.

El asunto admirable es que cuando se paga a usted mismo primero, y se obliga a vivir con el otro noventa por ciento, se acostumbra a eso con rapidez. Los seres humanos somos criaturas de hábitos. Cuando guarda regularmente el diez por ciento de su sueldo, en poco tiempo se sentirá cómodo viviendo con el noventa por ciento.

Muchas personas empiezan ahorrando el diez por ciento de su sueldo, y luego aumentan al quince, veinte por ciento más. Sus vidas financieras cambian dramáticamente como consecuencia de ese hábito, y de esa misma manera también usted puede cambiar la suya.

La segunda conclusión de la ley del ahorro dice que "debemos aprovechar los beneficios que nos puedan ofrecer ciertos planes de inversiones".

Uno de nuestros mayores objetivos financieros debe ser el proteger el dinero que duramente hemos ganado y que hemos ahorrado, del pago excesivo de impuestos. Todos debemos hacerlo. Sin embargo, muchas personas pagan más impuestos de lo que deberían por el desconocimiento de las leyes que afectan su dinero.

Y aunque esto es algo que varía mucho de país a país, lo cierto es que la gran mayoría de las economías ofrecen vehículos financieros que les permiten a las personas minimizar el pago de impuestos e intereses, garantizando así un ahorro mucho más efectivo.

Invierta en planes de pensiones o retiro de la compañía para la cual usted trabaje. Esto, por lo general trae grandes beneficios. Consulte a un planificador financiero o asesor de inversiones, ya que hay inversiones que son mucho más rentables que otras. No obstante, tenga siempre presente que usted es el único responsable por salvaguardar su dinero.

Empiece a guardar desde hoy el diez por ciento de sus ingresos. Abra una cuenta especial con este propósito y trate sus depósitos con el mismo respeto con el que trata sus pagos de arriendo o hipoteca cada mes.

Si debe cubrir muchas deudas y considera que le es imposible ahorrar un 10% de sus ingresos, comience con el 1% y viva con el otro 99%, y cuando se sienta cómodo, suba el ahorro al dos por ciento. A lo largo del tiempo, suba la tasa a diez, quince e incluso a veinte por ciento de su sueldo.

PLAN DE ACCIÓN

1. ¿Está usted satisfecho con la cantidad de dinero que ha podido ahorrar en los últimos cinco años?

_____

_____

_____

2. ¿Cuáles son las tres razones más comunes que le impiden ahorrar?

a. _____

b. _____

c. _____

3. ¿Cree usted que le sería posible ahorrar un 10% de su salario empezando hoy mismo? ¿Si o no? ¿Por qué?

_____

_____

_____

DÉCIMOSEGUNDA LEY

La ley de la conservación

No es cuánto gane, Sino con cuánto se queda,
lo que determina su futuro financiero.

$\mathcal{U}$n sinnúmero de personas gana enormes cantidades de dinero en el curso de su vida laboral. A veces, durante períodos de riqueza, ganan más dinero de lo que jamás pensaron que fuera posible. No obstante, la medida verdadera de qué tan bien le está yendo es con cuánto dinero se queda al final del día. En otras palabras, cuanto dinero lograr ahorrar del total de sus ingresos.

La gente exitosa suele ser muy rigurosa en lo referente al ahorro, o al pago de sus deudas o sus inversiones durante tiempos prósperos, sólo porque desean tener reservas cuando las circunstancias económicas sean menos favorables.

Calcule su patrimonio personal a partir de hoy. Haga una lista de sus activos y asígneles un valor en dinero de acuerdo con la cantidad que podría percibir por ellos si los tuviera que cambiar rápidamente por dinero.

Sume todas sus cuentas, sus balances de tarjetas de crédito e hipotecas y réstelos de sus activos para saber cuánto tiene en dinero neto hoy en día. Ahora, divídalo por el número de años que lleva trabajando. El resultado es la cantidad neta que ha ganado cada año después de pagar todos los costos de vida. ¿Está contento con eso? Si no lo está, haga algo al respecto.

PLAN DE ACCIÓN

1. ¿Cuenta usted con un presupuesto de gastos? ¿Si o no? ¿Por qué?

   _____

   _____

   _____

2. ¿Conoce usted cuál es el monto de su patrimonio personal? ¿Si o no? ¿Por qué?

   _____

   _____

   _____

3. ¿Cuáles gastos podría usted comenzar a eliminar hoy mismo para poder ahorrar más? ¡Sea específico!

a. _____

b. _____

c. _____

DÉCIMOTERCERA LEY

La ley de Parkinson

❏ ❏ ❏

*Generalmente sus gastos tenderán
a subir hasta igualar sus ingresos.*

$\mathcal{L}$a ley de Parkinson es una de las leyes más conocidas y más importante acerca del dinero y de la acumulación de riquezas. Fue desarrollada por el escritor inglés C. Norticote Parkinson hace muchos años, y explica por qué muchas personas se retiran pobres después de trabajar toda una vida.

Esta ley dice que, sin importar cuánto dinero ganen las personas, siempre tienden a gastarse la totalidad del dinero obtenido por su trabajo, y en ocasiones hasta un poco más que esto.

Muchas personas ganan hoy en día varias veces más de lo que ganaban en su primer trabajo. Pero de alguna manera, parece que necesitaran cada centavo para mantener su forma de vida actual. No importa cuánto ganen, nunca parece ser lo suficiente.

La primera conclusión de esta ley es que "La independencia financiera es el resultado de violar la ley de Parkinson". Sólo cuando usted desarrolle la voluntad suficiente para resistir la tentación de gastarse todo lo que se gana, empezará a acumular suficiente dinero para salir adelante y sobresalir en la multitud.

La segunda conclusión de la ley de Parkinson advierte que "Si permite que sus gastos aumenten a una tasa más lenta que su sueldo, y ahorra o invierte la diferencia, logrará alcanzar la libertad financiera".

Ésta es la clave. Lo llamo "abrir una brecha". Si puede abrir una brecha entre sus ingresos que aumentan y los costos que también aumentan, en su forma de vida, y después ahorra e invierte la diferencia, puede continuar mejorando su estilo de vida mientras va ganando más dinero. Al violar de forma consciente la ley de Parkinson, eventualmente se volverá independiente en sus finanzas.

De aquí en adelante, tome la decisión de ahorrar e invertir el 50% de cualquier aumento que reciba en su sueldo, o de cualquier otra fuente. Aprenda a vivir con el resto. Ahorre el cincuenta por ciento de cualquier cantidad que reciba de cualquier fuente. Esto le deja el otro cincuenta por ciento para hacer con él lo que desee.

PLAN DE ACCIÓN

1. ¿Gasta usted más de lo que gana?

_____

_____

_____

2. Escriba a continuación tres áreas en las cuales gasta más dinero del que debería gastar.

a. _____

b. _____

c. _____

3. Escriba tres estrategias específicas que le permitirán remediar dicha situación.

a. _____

b. _____

c. _____

DÉCIMOCUARTA LEY

La ley del tres

La mesa de la libertad financiera tiene tres patas:
ahorros, seguros e inversiones.

$\mathcal{U}$na de las mayores responsabilidades con ustedes mismo y con la gente que depende de usted, es crear una fortaleza financiera alrededor suyo a lo largo de su vida. Su trabajo es crear un estado en el cual pueda estar seguro de no sufrir las inseguridades financieras que sufren otras personas. Para lograr este objetivo, debe mantener las proporciones adecuadas de sus finanzas en cada uno de estos parámetros: ahorros, seguros e inversiones.

La primera conclusión de la ley de tres dice que "Para estar totalmente protegido contra lo inesperado, necesita ahorros líquidos equivalentes a dos y seis meses de gastos normales".

Su objetivo financiero es ahorrar suficiente dinero para que si pierde su fuente de ingresos durante seis meses, tenga ahorrado para que le dure esos seis meses. La misma acción de ahorrar esta cantidad de dinero y ponerla en una cuenta de ahorros con altas ganancias, o en otro tipo de inversión segura, le dará una gran confianza y paz interior.

Saber que tiene este dinero guardado lo convertirá en un ser humano mucho más efectivo de lo que sería si estuviera preocupado por su próximo cheque y su próximo mercado.

La segunda conclusión de la ley del tres dice que "usted debe asegurarse adecuadamente para estar preparado para cualquier emergencia que no pueda pagar con su cuenta bancaria".

Independientemente de lo que pueda pensar sobre los seguros o de cuales sean las normas que gobiernen esta industria en su país de residencia, lo cierto es que una gran mayoría de las personas necesita de la protección que pueda proporcionar una póliza de seguro.

Es importante siempre contar con la cobertura apropiada de una póliza de seguro para protegerse contra una emergencia donde no pueda girar un cheque para cubrir dicha emergencia. Tenga una póliza de seguro de salud para usted y sus seres queridos en caso de una emergencia médica. Asegure su auto contra los daños que puedan ocasionarle un accidente. Asegure su vida, de tal forma que si algo le sucede, las personas que dependen directamente de usted y de sus ingresos no queden desamparadas.

Tal vez el deseo o necesidad más profunda de la naturaleza humana es el anhelo de seguridad, y sin seguros adecuados está asumiendo riesgos que simplemente no puede darse el lujo de asumir. Así que investigue tanto como pueda al respecto. Recuerde, ¡es su responsabilidad!

La tercera conclusión de esta ley dice que "Su máximo objetivo financiero debería ser acumular capital hasta que sus inversiones le generen más ingresos a usted de lo que gana en su trabajo".

Su vida está dividida aproximadamente en tres partes, aunque éstas tienden a mezclarse entre sí. Primero, están los años dedicados al aprendizaje, donde crece y se obtiene la educación formal o informal. Después, están los años de la producción aproximadamente desde los 20 hasta los 65 años de edad. Y, finalmente, vienen los años dorados, donde suele uno retirarse o pensionarse, con una esperanza de vida de ochenta años o más.

La estrategia financiera más simple y más efectiva de todas es ahorrar e invertir su dinero a lo largo de su vida de trabajo, hasta que sus inversiones le paguen más de lo que gana en el trabajo.

En ese momento puede empezar a pensar en retirarse de su trabajo regular, y emplear su tiempo administrando sus activos. Recuerde que el momento de su retiro tiene menos que ver con su edad cronológica y más con el que pueda vivir de la renta o de la fortuna que haya podido acumular a lo largo de su vida productiva.

Esto puede parecer una estrategia muy simple para planear su vida, pero es impresionante ver cómo pocas personas la siguen y cómo muchas terminan a la edad de 65 años con muy poco dinero ahorrado. En los Estados Unidos, por ejemplo, la persona promedio hoy en día tiene un patrimonio personal neto de tan solo $31.000 dólares, además de su ingreso de seguridad social. No permita que esto le suceda a usted.

PLAN DE ACCIÓN

1. ¿Ha visitado a un planificador financiero? ¿Si o no? ¿Por qué?

_____

_____

_____

2. ¿Tiene usted seguro de vida? ¿Seguro médico? ¿Si o no? ¿Por qué?

_____

_____

_____

3. ¿Con qué plan de ahorro cuenta en este momento para sus años dorados?

_____

_____

_____

DÉCIMOQUINTA LEY

La ley de la inversión

Debemos investigar antes de invertir.

$\mathcal{E}$sta es una de las leyes del dinero que las personas más acaudaladas encuentran muy importantes. Usted debe invertir el tiempo necesario estudiando cada una de sus posibles inversiones. De esta ley se deriva que las ganancias que pueda tener de una inversión en particular van en proporción directa con el tiempo que ha dedicado al estudio de dicha inversión.

Nunca permita que otras personas lo persuadan para que se separe el dinero por el cual tan duramente ha trabajado y el cual ha podido ahorrar haciendo grandes sacrificios. Así que investigue cada aspecto de cualquier inversión antes de dar el primer paso.

Pida todos los detalles de ésta, antes de comenzar. Exija información honesta, precisa y adecuada de cualquier inversión. Si tiene dudas, será mejor que ahorre el dinero en un banco o en una inversión segura, ya que no puede arriesgarse a perderlo.

La primera conclusión de la ley de la inversión establece que "lo único fácil acerca del dinero es perderlo". Es difícil ganar dinero en un mercado competitivo, pero perderlo es una de las cosas más fáciles de lograr. Un proverbio japonés dice "Ganar dinero es como excavar con las uñas, mientras que el perderlo es tan fácil como regar agua sobre la arena".

La segunda conclusión de esta ley surge del millonario Marvin Davis, a quien le preguntaron por sus reglas para ganar dinero en una entrevista de la revista Forbes. Él dijo: "Sólo hay una regla, y es muy simple. Esta regla es: no pierda dinero".

Si existe la posibilidad de que pueda perder su dinero, es mejor que desde un comienzo evite separarse de él. Este principio es tan importante que debería escribirlo y ponerlo en un lugar visible. Léalo y vuélvalo a leer una y otra vez.

Piense en su dinero como si fuese un pedazo de su vida. Debe intercambiar un cierto número de horas, semanas e incluso años de su tiempo para generar una cierta cantidad de dinero que le permita ahorrar o invertir. Ese tiempo es irremplazable. Es una parte preciosa de su vida que se ha ido para siempre. Si lo único que hace es retener el dinero, antes que perderlo, eso sólo puede asegurar que obtendrá seguridad financiera. Así que no pierda su dinero.

La tercera conclusión de la ley de la inversión dice que "Si puede darse el lujo de perder un poco, va a terminar perdiendo mucho".

Hay algo sobre la actitud de una persona que siente que tiene suficiente dinero, y que puede darse el lujo de perder un poco. Recuerde el viejo dicho: "Un tonto y su dinero son fácilmente separables". Hay otro dicho: "Cuando un hombre con experiencia conoce a un hombre con dinero, el hombre con dinero terminará con experiencia terminará con el dinero".

Pregúntese lo que podría pasar si perdiera el ciento por ciento de una inversión con potencial. ¿Puede enfrentar eso? Si no puede, desde un comienzo decida que esta inversión no es para usted, independientemente del potencial que pueda tener.

La cuarta conclusión de la ley de las inversiones dice: "Sólo invierta con expertos que hayan demostrado un historial de éxito con su propio dinero".

Su objetivo es invertir sólo con personas que tengan estos registros exitosos con su dinero, de tal forma que su riesgo de perder algo se disminuya bastante. Repito nuevamente, no pierda su dinero. Si alguna vez se siente tentado a hacerlo, vuelva a leer esta regla y decida no perder lo que tiene.

Invierta sólo en las cosas que entienda y crea de verdad. Pídales concejos financieros únicamente a las personas que son exitosas en sus finanzas y escuche sus opiniones.

PLAN DE ACCIÓN

1. ¿Qué tanto conocimiento tiene usted sobre la situación financiera reinante en su país? ¿Mucho, poco? ¿Por qué?

_____

_____

_____

2. ¿Lee usted algún tipo de revista o publicación financiera con regularidad? ¿Si o no? ¿Por qué?

_____

_____

_____

3. ¿Qué podría hace para saber más sobre la vida de personas exitosas, financieramente hablando, y poder así seguir su ejemplo?

_____

_____

_____

4. ¿No le preocupa para nada que pase el tiempo y su dinero se esfume? ¿Hace algo para que esto no suceda? ¿Qué piensa al respecto?

_____

_____

_____

DÉCIMOSEXTA LEY

La ley del interés compuesto

Al invertir su dinero en forma cuidadosa
y permitir que éste crezca con interés compuesto,
eventualmente lo volverá rico.

$\mathcal{E}$l interés compuesto es uno de los grandes milagros de la historia y economía humana. Albert Einstein lo describió como la fuerza más poderosa en nuestra sociedad. Cuando permite que más dinero se acumule con interés compuesto en un largo período de tiempo, incrementa más de lo que se pueda imaginar.

Existe una regla llamada la regla del 72, que le permite a usted determinar cuánto tiempo le tomará a su dinero para duplicarse, independientemente de la tasa de interés a la que esté creciendo. Simplemente, divida el número 72 por la tasa de interés y el número que obtenga corresponde al número de años que le tomará a su dinero duplicarse. Por ejemplo, si está recibiendo 8% de interés en su inversión, y divide el número 72 en 8, obtendría el número nueve. Esto significa que el dinero invertido en un interés de 8% tardaría nueve años en duplicarse.

Se ha calculado que un dólar invertido con interés del 3% en el tiempo de Cristo, hace más o menos 2000 años, valdría la mitad del dinero del mundo hoy en día. Si al dinero se le hubiera permitido crecer y duplicarse, y después suplicarse de nuevo, y una vez más, y otra, valdría billones de trillones de dólares hoy en día.

Entonces, la primera conclusión de esta regla es que "La clave del interés compuesto es guardar el dinero y no tocarlo nunca".

Una vez que empiece a acumular dinero y éste comience a crecer, nunca debe tocarlo, o gastarlo por ninguna razón. Si lo hace, pierde el poder del interés compuesto, y aunque sólo gaste una pequeña cantidad hoy, perderá lo que podría ser una enorme fortuna más adelante.

Si empieza a ahorrar desde temprana edad, si invierte consistentemente, y si nunca extrae dinero de sus fondos y depende del milagro del interés compuesto, tenga la plena seguridad que se hará millonario. Una persona promedio, que se gana un sueldo promedio, que invirtió $100 dólares por mes entre los 21 y los 65, y quien ganó a una tasa compuesta del 10% durante ese tiempo, ¡Se retiraría con un total de un millón ciento dieciocho mil dólares!

Comience una cuenta de inversión regular mensual y comprométase a invertir una cantidad fija en los próximos cinco, diez o quince años. Investigue en su banco sobre los fondos mutuos u otros instrumentos de inversión, y mantenga su dinero trabajando, mes tras mes y año tras año.

PLAN DE ACCIÓN

1. ¿Tiene en este momento una cuenta de ahorros
   a la que contribuya con regularidad? ¿Si o no?
   ¿Por qué?

   _____

   _____

   _____

2. ¿Reserva un porcentaje de sus ingresos para
   invertir? ¿Cuánto: 5, 10, 15%?

   _____

   _____

   _____

3. ¿Realiza inversiones en moneda local, o piensa
   que es mejor poner su dinero en el exterior,
   donde no esté tan a su alcance? ¿En dónde lo
   hace y por qué?

   _____

   _____

   _____

4. ¿Qué razones tiene para no hacer inversiones?

_____

_____

_____

DECIMOSÉPTIMA LEY

La ley de la acumulación

❏ ❏ ❏

*Cada gran logro financiero es una acumulación
de cientos de esfuerzos y sacrificios pequeños
que son difíciles de apreciar a simple vista.*

$\mathcal{P}$ara lograr la independencia financiera se necesitará un gran número de pequeños esfuerzos de su parte. Para empezar el proceso de acumulación, debe ser disciplinado y persistente. Debe mantener esta disciplina por mucho tiempo. En principio, verá muy poco cambio o diferencia en su vida, pero gradualmente, sus esfuerzos darán resultados. Sus finanzas mejorarán y sus deudas desaparecerán; su cuenta bancaria crecerá y su calidad de vida mejorará.

La primera conclusión de la ley de la acumulación dice que "Cuando sus ahorros se acumulan, usted desarrolla un impulso que lo moviliza rápidamente hacia sus objetivos financieros".

Es difícil empezar con un programa de acumulación financiera, pero una vez lo haga, lo encontrará cada vez más fácil. El "Principio del impulso" es uno de los grandes secretos del éxito. Este principio dice que se requiere una gran cantidad de energía para empezar y superar la inercia y la resistencia inicial de la acumulación financiera, pero una vez empiece, se requerirá menos energía para seguir moviéndose y acumulando cada vez una mayor fortuna.

La segunda conclusión de esta ley afirma que "querer dar un salto de diez metros es difícil, pero sí es centímetro por centímetro, el éxito es muy fácil".

Cuando comienza a reflexionar si ahorra el 10 ó el 20% de sus ingresos, inmediatamente pensará en muchas razones por las cuales esto puede ser imposible de hacer. Puede estar hasta el cuello en deudas. Puede estar gastando cada centavo cada centavo que gana para mantenerse vivo. Puede estar ganando muy poco y tener demasiadas obligaciones.

Sin embargo, si se encuentra en esta situación, hay una solución. Empiece ahorrando sólo 1% de sus ingresos en una cuenta especial, la cual no tocará. Cuando llegue a la casa cada noche, comience a poner las monedas que recibió a lo largo del día en un recipiente. Cuando se llene el recipiente, llévelo al banco y añádalo a su cuenta de ahorros. Cuando le den una cantidad de dinero extra por vender algo, utilícelo para ganar una deuda, o si le llega una bonificación inesperada, en vez de gastarla, póngala en su cuenta de ahorros sin pensarlo, y hágase a la idea que nunca la recibió.

Estas cantidades pequeñas empiezan a multiplicarse a una tasa que lo sorprenderá. Cuando se sienta cómodo ahorrando el 1%, auméntelo al 2% y luego al 3%. Después de un año habrá salido de sus deudas y estará ahorrando el 10%, 15% o incluso el 20% de sus ingresos, sin que se afecte su forma de vida.

PLAN DE ACCIÓN

1. ¿Sabe usted exactamente cuánto se gana? ¿Si o no? ¿Por qué?

_____ _

_____

_____

2. De esto, ¿sabe usted exactamente cuanto gasta?

_____

_____

_____

3. Si tuviera que tomar una decisión hoy mismo, ¿cuánto dinero cree usted que podría ahorrar?

_____ _

_____

_____

4. ¿Es usted un comprador compulsivo o suele diferir sus compras?

_____ _

_____

_____

5. ¿Qué consecuencias le ha traído este comportamiento?

_____ _

_____

_____

DÉCIMOCTAVA LEY

La ley del magnetismo

❑ ❑ ❑

Mientras más dinero ahorre y acumule,
más dinero atraerá a su vida.

$\mathcal{L}$a ley del magnetismo ha sido la principal razón para crear grandes fortunas a lo largo de la historia. Esta ley explica gran parte del éxito y fracaso en cada área de la vida, en especial en el área financiera. Es simple, el dinero va donde es querido y respetado. Mientras más emociones positivas asocien con su dinero, más oportunidades atraerá para obtener más dinero.

La primera conclusión de la ley del magnetismo aplicado al dinero dice que "Una conciencia de prosperidad atrae al dinero como pedazos de hierro a un imán".

La abundancia atrae abundancia y genera abundancia. Muchas personas se quejan del hecho de que "los ricos se hagan cada vez más ricos y los pobres cada vez más pobres". Ellas ven esto como una injusticia, pero lo cierto es que es una ley natural.

J. Paul Getty anotaba como aproximadamente el 80% de las riquezas del mundo se encontraba en manos del 20% de las personas. Él proponía que si juntáramos toda esta riqueza y la repartiésemos equitativamente entre cada uno de los habitantes del planeta, en cinco años el 80% de estas riquezas estaría en las manos del mismo 20% inicial.

Él justificaba esto diciendo que la razón es que mientras algunas personas se han ocupado en desarrollar hábitos de éxito y poseen una mentalidad de abundancia que les permite crear y aprovechar oportunidades, otros han ocupado de desarrollar hábitos que los mantienen quebrados financieramente. Ellos poseen una mentalidad de pobreza y de escasez, capaz de disipar la más grande de las fortunas.

Esta razón por la cual es tan importante que empiece a acumular dinero, sin importar su situación actual. Sólo ponga unas cuantas monedas en su alcancía. Empiece a ahorrar una pequeña cantidad de dinero y ese dinero, magnetizado por sus emociones de deseo y esperanza, empezará a atraer más hacia usted, más rápido de lo que se imagina.

La segunda conclusión de esta ley dice que "Se necesita dinero para ganar dinero"

Cuando comience a acumular dinero, empezará a atraer a su vida más dinero y más oportunidades para ganarlo. Por esto es tan importante empezar, así sea con una pequeña cantidad. Se sorprenderá con lo que empezará a suceder en su vida una vez le dé el empujón inicial.

Tome un tiempo cada día, cada semana y cada mes para reflexionar sobre su situación financiera y busque formas para manejar sus finanzas más astutamente. Mientras más tiempo piense en sus finanzas, tomará mejores decisiones y tendrá más dinero para pensar en él. Y mientras más piense en sus ahorros y sus inversiones, más los atraerá hacia usted.

PLAN DE ACCIÓN

1. ¿Cuánto tiempo diario y semanal le dedicará a planear su situación financiera y a buscar nuevas formas para manejar mejor sus finanzas?

_____ _

_____

_____

2. ¿Es usted de aquellos que antes de iniciar cualquier negocio ya está pensando que va a fracasar? ¿Si o no? ¿Por qué?

_____ _

_____

_____

3. ¿Se compara con otras personas que cuentan con más dinero que usted y no hace nada para avanzar financieramente? ¿Si o no? ¿Por qué?

_____ _

_____

_____

4. ¿Cómo cree que puede modificar su actitud para atraer más dinero hacia usted? Piense en tres opciones posibles y escríbalas.

a. _____

b. _____

c. _____

DÉCIMONOVENA LEY

La ley de la aclaración acelerada

❏ ❏ ❏

Mientras más rápido se mueva usted hacia
la libertad financiera, más rápido
ésta se moverá hacia usted.

$\mathcal{M}$ientras más dinero acumule, y sea más exitoso, más y más rápido se moverán el dinero y el éxito hacia usted, en diversas direcciones.

Todas aquellas personas que son exitosas financieramente hoy en día, han tenido experiencias trabajando extremadamente duro, a veces por años, antes de encontrar su primera gran oportunidad. Pero después de eso, más y más oportunidades fluyen hacia ellos, en todas direcciones. El problema principal que tienen las personas exitosas es organizar las oportunidades que vienen de todos lados de manera que las puedan aprovechar todas. Y lo mismo le sucederá a usted.

La primera conclusión de esta ley es que "El 80% de su éxito vendrá en el último 20% del tiempo que invierta" Éste es un descubrimiento asombroso. ¡Sólo piense! Usted logrará sólo el 20% del éxito total posible en el primer 80% del tiempo o el dinero que invierta en una empresa, carrera o proyecto.

Alcanzará el otro 80% en el último 20% del tiempo o el dinero que invierta. Peter Lynch, conocido inversionista norteamericano y administrador de algunos de los fondos de inversión más productivos y exitosos en la historia, dice que las mejores inversiones que hizo en su vida fueron esas que tomaron mucho tiempo para empezar a funcionar.

Muchas veces compraba las acciones de una compañía que no incrementaba el valor por varios años. Después incrementarían diez o veinte veces su precio. La estrategia de escoger acciones a largo plazo, lo hizo uno de los administradores de dinero más exitosos y mejor pagados en Estados Unidos.

PLAN DE ACCIÓN

1. ¿Dejó pasar alguna vez una oportunidad de inversión que podría haber representado grandes dividendos para usted?

_____

_____

_____

2. ¿Qué sucedió? ¿Fue prudente su decisión?

_____

_____

_____

3. ¿Fue el temor lo que lo llevó a no actuar en aquel momento? ¿Tuvo acceso a toda la información necesaria para tomar dicha determinación?

_____

_____

_____

4. ¿Qué lecciones aprendió de aquel episodio?

_____

_____

_____

VIGÉSIMA LEY

La ley de la bolsa de valores

❏ ❏ ❏

Adquirir cualquier cantidad de acciones de cualquier empresa significa ser dueño de una porción de la compañía.

$\mathcal{Y}$ como dueño de un porcentaje de dicha empresa usted se convierte también en dueño de una porción de todos los beneficios y riesgos de ser dueño. Eso incluye ganancias, pérdidas, aumento en el precio de las acciones, disminución en el valor, administración buena o mala, y demandas aumentadas o reducidas de los productos o servicios generados o vendidos por la compañía.

Cuando compra una acción, está invirtiendo una cierta cantidad de dinero y apostando a que las ganancias se darán en exceso, comparado con lo que podría ganar en una inversión asegurada, como un fondo del mercado del dinero. Comprar una acción es una forma de apostar, porque el futuro de la compañía y el valor de la acción son impredecibles. Están determinados por innumerables fuerzas presentes en todo mercado. Variables como las ventas, la competencia, los cambios tecnológicos, la tasa de interés, la calidad de la administración, eventos macroeconómicos mundiales, el clima de inversión y muchos otros aspectos que están totalmente fuera del control del inversionista.

La primera conclusión de la bolsa de valores dice que "Los inversionistas agresivos ganan dinero, los inversionistas cautelosos también ganar dinero, pero los avaros, por lo general, son los únicos que siempre pierden dinero en la bolsa".

En otras palabras, para ganar hay que tomar hay que tomar parte en el juego. Esto significa que las personas que invierten agresivamente cuando la bolsa está bajando, gana dinero. Pero la gente avara que trata de ganársela toda de un solo movimiento, por lo general, terminan perdido su dinero.

Más del 70% de los inversionistas casuales que hoy invierten vía Internet, por ejemplo, quienes compran y venden acciones en la bolsa, no a largo plazo sino para venderlas rápidamente, casi siempre pierden dinero, y muchos de ellos lo pierden todo.

La segunda conclusión de esta ley es que "La inversión a largo plazo en la bolsa de valores norte-americana es la mejor forma de adquirir seguridad financiera".

El valor de las acciones cambiadas en las bolsas de Estados Unidos, aumentó en un promedio de 11% en los últimos 80 años. Como resultado, una persona que empezó a invertir a los 20 años y que invirtió $100 dólares por año en un fondo mutuo que incrementó en un promedio de 10% por año, se retirarían con un total neto de más de un millón de dólares.

La tercera conclusión de esta ley nos advierte que "La bolsa de valores es administrada por profesionales".

Esto significa que cada compra de una acción representa la venta de esa misma acción por parte de alguien más. La persona que la compra está apostando que subirá de precio. La persona que vende la acción piensa que la acción bajará de precio. Cada compra y venta de acciones es un juego de suma de ceros, donde una persona apuesta su sabiduría y juicio contra la de otra persona. La mayoría de ellas son profesionales que hacen esto entre 50 y 60 horas a la semana.

Esto significa que la forma más segura de actuar es invertir en un "Fondo mutuo" que represente a varias compañías. Esto le dará una mayor seguridad a su inversión que el comprar acciones de una sola compañía. Uno de los fondos más conocidos en la Bolsa de Valores de Wall Street es el Standard and Poor's 500. Este Fondo ha superado más del 80% de los fondos mutuos manejados por profesionales a lo largo de los años.

PLAN DE ACCIÓN

1. ¿Ha invertido usted en el mercado de acciones alguna vez? ¿Si o no? ¿Por qué?

_____

_____

_____

2. ¿Sabe usted qué son los fondos de inversión? ¿Si o no? ¿Por qué?

_____

_____

_____

3. ¿Considera que es mejor no asumir muchos riesgos para evitar grandes pérdidas de dinero invertido?

_____

_____

_____

VIGÉSIMOPRIMERA LEY

La ley de los bienes raíces

El valor de una propiedad en su capacidad para generar ingresos en el futuro.

$\mathcal{L}$a venta de bienes raíces ha producido un gran número de multimillonarios alrededor del mundo y todos ellos saben que el valor de cualquier propiedad es determinado por el ingreso que dicha propiedad pueda generar, cuando se ha desarrollado al máximo.

Una propiedad puede tener valor sentimental para un dueño en particular, pero su valor en dólares está directamente relacionado con su capacidad para generar ingresos en el futuro.

Hay millones de kilómetros de tierra que nunca tendrán un valor real, como tierras desérticas, por ejemplo, porque no tienen capacidad para generar ingresos en el futuro. No se pueden desarrollar para producir ingresos, acomodar a las personas o satisfacer necesidades humanas.

Hay áreas muy extensas de grandes ciudades donde los valores de las propiedades disminuyen porque el crecimiento y el desarrollo ya pasaron y se marcharon, con seguridad para no regresar nunca más.

Cada día vemos hombres y mujeres que están vendiendo casas y propiedades a un precio menor del que pagaron por ellas, las pierden, las cierran o las destruyen porque simplemente éstas han perdido su potencial para generar ingresos y, por lo tanto, han perdido su valor.

La primera conclusión de la ley de los bienes raíces establece que "usted genera dinero cuando compra, y sólo se da cuenta de ello cuando vende".

Esto es muy importante. Cuando usted compra una propiedad al precio adecuado y bajo términos justos, la puede vender y generar ingresos por dicha transacción. Muchas personas piensan que ganarán dinero cuando vendan la propiedad, pero olvidan que lo que garantiza que esto suceda ocurrió cuando compraron dicha propiedad.

¿En qué estado se encontraba cuando la compraron, a qué precio la compraron y bajo que términos de financiamiento? Estos factores son los que determinarán si usted ganará o perderá dinero al momento de venderla.

Así que mientras más cuidadosamente investigue sobre la propiedad que piensa comprar y mientras más profundamente prepare una propuesta para comprar, es más factible que haga el negocio más adelante, el cual permitirá vender esa propiedad con ganancias.

La segunda conclusión de la ley de bienes raíces dice que "Las tres palabras claves para la selección de bienes raíces son: ubicación, ubicación y ubicación."

Cada propiedad es única, en el sentido que sólo hay una propiedad como esa en la superficie de la tierra. Su capacidad para escoger una vivienda con una ubicación excelente, tendrá más impacto en la capacidad para generar dinero en el futuro que cualquier otra decisión que tome con respecto a ella.

La tercera conclusión de esta ley dice que "Los valores de bienes raíces están determinados por la actividad económica en general en ese sector, por el número de trabajos y el nivel de ingresos".

Esto es muy importante cuando está escogiendo el sector en donde quiere invertir. Por lo general, el valor de la propiedad se incrementa tres veces más rápido que el crecimiento poblacional, y dos más que la tasa de inflación. Cuando compra propiedad en un conjunto que crece rápidamente, está prácticamente asegurando que podrá vender dicha propiedad muy por encima del precio de compra.

Los factores más importantes que afectan el valor de los bienes raíces son los niveles de formación de negocios nuevos y el crecimiento económico en el área. Tome una decisión hoy de comprar una propiedad de bienes raíces con el propósito de hacer una inversión.

La única forma en la cual puede aprender sobre bienes raíces es volviéndose dueño y después aplicar su conocimiento y sus talentos para incrementar el valor de dicha propiedad.

PLAN DE ACCIÓN

1. ¿Tiene casa propia? ¿Si o no? ¿Por qué?

_____

_____

_____

2. Si aún no tiene casa propia, ¿piensa que está en condiciones de decidir cuál es el precio adecuado y los términos justos para comprar la vivienda que necesita? ¿Si o no? ¿Por qué?

_____

_____

_____

3. ¿Se ha puesto un plazo para definir la compra de su vivienda? ¿Si o no? ¿Por qué?

_____

_____

_____

4. ¿Tiene claridad sobre cuánto dinero debe pagar
   por conservar su propiedad (impuestos, valo-
   rización, etc.), y ha hecho un presupuesto real
   para cumplir estos compromisos económi-
   cos?

_____

_____

_____

CONCLUSIÓN

$\mathcal{E}$ntonces, ¿qué podemos concluir de estas leyes acerca del dinero? ¿Qué podemos aprender para alcanzar la libertad financiera que todos anhelamos?

Hay cuatro claves que debemos tener en cuenta en lo que se refiere al dinero:

Primero, debemos buscar ganar la máxima cantidad posible. Haga todo lo posible para ser excelente en su campo, de manera que le paguen bien por lo que hace.

La segunda clave sobre el dinero es retener la máxima cantidad posible. Recuerde, no es la cantidad que gana lo que determina su éxito financiero, sino la cantidad que logra mantener y ahorrar a largo plazo. Así que resista la tendencia natural de la mayoría de las personas a dilapidar su dinero por todos lados, gastarlo compulsivamente y terminar en la quiebra cada mes, sin importar cuanto ganan. No deje que esto le suceda a usted.

La tercera clave sobre el dinero es reducir y controlar sus costos de vida. Busque cada oportunidad para practicar frugalidad en cada cosa que hace. Compre cosas más económicas, proponga decisiones importantes de compras por un día, una semana, e incluso por un mes, para que al tomar la decisión final, ésta sea una buena decisión.

Todas las personas adineradas son muy cuidadosas con su dinero y sus gastos. Así fue como lograron acumular sus fortunas.

La clave sobre el dinero es: inviértalo cuidadosamente y hágalo crecer lo más rápido posible. Por el milagro del interés compuesto, se puede crear una enorme fortuna en unos cuantos años, ahorrando e invirtiendo desde el 10% hasta el 20% de sus ingresos, cada mes a lo largo de su vida.

Este es un momento maravilloso para estar vivo. Nunca ha sido más segura la opción de obtener más dinero, ahorrar más, acumular más y hacer crecer su dinero más rápido de lo que es hoy en día. Su trabajo es aprovechar la amplia gama de oportunidades que están a su disposición. Recuerde, entonces, que una de sus mayores responsabilidades es hacer cuanto esté a su alcance para lograr la libertad financiera.

Permita que estas leyes trabajen para usted y le pongan en contacto con principios que le ayudarán a crear mayores ingresos, a alcanzar la libertad financiera y a administrar mejor su dinero. ¡Buena suerte!

SOBRE EL AUTOR

*B*rian Tracy es una de las principales autoridades en Estados Unidos en lo referente al desarrollo del potencial humano y la efectividad personal. Su dinamismo, humor y habilidad para comunicar ideas de una manera clara y sencilla, lo han convertido en uno de los conferencistas más solicitados en Norteamérica.

Cada año Brian Tracy se dirige a más de 400.000 personas a través de sus talleres y conferencias sobre diferentes temas de desarrollo personal y profesional. Sus charlas y seminarios sobre el liderazgo, la administración del tiempo, las ventas y efectividad personal producen cambios inmediatos y resultados a largo plazo entre quienes lo escuchan.

Es presidente del Brian Tracy Internacional, compañía de recursos humanos con sede en San Diego, California, y con afiliados en toda Norteamérica y en treinta y un países alrededor del mundo. Ha dirigido tareas de consultoría en planeación estratégica y desarrollo organizacional con corporaciones de más de un billón de dólares.

A través de su vida profesional ha sido gerente general de una importante compañía de desarrollo con más de US$265 millones en activos y con ventas anuales de US$74 millones. Ha tenido carreras exitosas en ventas y mercadeo, inversiones, desarrollo de finca raíz, importación, distribución y consultoría en alta gerencia.

Brian ha dictado sus seminarios en más de 80 países, en los cinco continentes, habla cuatro idiomas y es un asiduo estudiante de temas de administración, psicología, economía e historia, lo cual le da una perspectiva y un estilo únicos a sus charlas.

Es el autor y narrador de más de 300 programas de audio y video que cubren el espectro completo del empeño humano y corporativo. Estos programas, que han sido investigados y desarrollados por más de 25 años, se han convertido en herramientas de aprendizaje muy efectivas en el mundo empresarial.

Sus libros han sido bestseller y han sido traducidos a varios idiomas. Entre sus obras se encuentran: La psicología de las ventas, Rompiendo la barrera del éxito, Mujeres altamente efectivas, Hábitos de un millón de dólares, La ciencia de la autoconfianza y Pensando en grande.